工业化梁厂生产碳排放补充定额

宁波市高等级公路建设管理中心
中交公路规划设计院有限公司 主编

人民交通出版社
北京

图书在版编目(CIP)数据

工业化梁厂生产碳排放补充定额 / 宁波市高等级公路建设管理中心，中交公路规划设计院有限公司主编. 北京：人民交通出版社股份有限公司，2025.9.

ISBN 978-7-114-20547-7

Ⅰ. F426.9;X511

中国国家版本馆 CIP 数据核字第 2025DD5269 号

Gongyehua Liangchang Shengchan Tanpaifang Buchong Ding'e

书　　名：工业化梁厂生产碳排放补充定额

著 作 者：宁波市高等级公路建设管理中心

中交公路规划设计院有限公司

责任编辑：黎小东　李　沛

责任校对：赵媛媛　魏佳宁

责任印制：张　凯

出版发行：人民交通出版社

地　　址：(100011)北京市朝阳区安定门外外馆斜街 3 号

网　　址：http://www.ccpcl.com.cn

销售电话：(010)85285857

总 经 销：人民交通出版社发行部

经　　销：各地新华书店

印　　刷：北京市密东印刷有限公司

开　　本：880×1230　1/16

印　　张：3.5

字　　数：72 千

版　　次：2025 年 9 月　第 1 版

印　　次：2025 年 9 月　第 1 次印刷

书　　号：ISBN 978-7-114-20547-7

定　　价：60.00 元

浙江省交通运输厅文件

浙交〔2025〕17号

省交通运输厅关于发布2024年浙江省公路水运工程补充定额标准的通知

各市交通运输局，舟山市港航和口岸管理局、台州市海洋经济发展局：

为进一步完善我省公路水运工程计价依据，省交通工程管理中心组织相关单位对“工业化梁厂生产碳排放补充定额”等九项补充定额进行测定，现予以发布。执行过程中，如有修改意见请及时函告省交通工程管理中心（地址：杭州市拱墅区湖墅南路186-1号1501室，邮政编码：310011）。联系人：何翔，联系方式：0571-83789623。

浙江省交通运输厅

2025年2月26日

前　言

工业化梁厂是公路建设中重要的临建设施，是公路建设装配化、工厂化转型的关键环节，对于公路绿色低碳建设具有显著的带动和示范效应；也是当前国内高速公路建设技术革新和升级改造措施应用较为密集的场所，具备较好的低碳发展基础条件。同时，工业化梁厂的绿色低碳建设运行，对于桥梁构件低碳化生产具有决定性作用，进而对于桥梁乃至公路项目整体碳排放强度下降也会产生有益的直接影响。因此，针对工业化梁厂的建设和生产开展标准化工作，是公路绿色低碳建管养运标准化工作的重要组成部分和有效抓手。

碳排放量化工作是落实减碳目标、实现碳中和的基础性工作。为准确评估工业化梁厂建设运行效果，编写组依托杭甬高速公路复线宁波段二期工程，充分考虑本项目施工企业的施工装备水平、施工组织及相关定额消耗水平，通过调研、实地观测和分析论证，以现场实际施工工法和人工、材料、机械等消耗量为基础，结合碳排放因子法，按我国现行公路工程预算定额的编制规则，完成了碳排放测算方法及配套定额的编制测定工作。

编制过程中，编写组开展了大量研究工作，吸取了国内外关于地区、企业温室气体排放核算相关标准的编写经验，借鉴了国外公路工程项目碳排放预测模型的测算范围和测算方法，参考了公路工程估算、概算、预算的组成和编制办法；初稿编写完成后，广泛征求了设计、施工、建设、管理等有关单位和个人的意见，并经过反复讨论、修改，最终定稿。

本书第一部分为工业化梁厂生产碳排放测算方法，主要内容包括：1 总则、2 术语和符号、3 基本规定、4 直接碳排放测算方法、5 间接碳排放测算方法、6 碳排放测算程序及测算方式；第二部分为工业化梁厂生产碳排放测算补充定额，主要内容包括：总说明、1 工业化梁厂建设、2 工业化梁厂生产；结尾有两个附录，分别为：附录 A 碳排放因子、附录 B 碳排放测算表格体系。

主编单位：宁波市高等级公路建设管理中心
中交公路规划设计院有限公司
参编单位：浙江省交通工程管理中心
杭州市交通工程集团有限公司

主　　编： 王东妹

参编人员： 涂荣辉　陈　亮　陈剑文　王文治　高嵩焱　封　露
杨　柳　衷　平　史福元　李　冠　张蒙蒙　何　磊
何　翔　翁明祥　闫承凯　王婧蓉

目　　录

第一部分　工业化梁厂生产碳排放测算方法

第二部分　工业化梁厂生产碳排放测算补充定额

第一部分

工业化梁厂生产碳排放测算方法

1 总则

1.0.1 为加强工业化梁厂生产碳排放量化管理,规范碳排放测算方法,制定本文件。

1.0.2 本文件适用于浙江省地区高等级公路桥梁预制项目,可作为工业化梁厂生产碳排放量预测性计算、多方案比选和优化设计的参考依据;对于已建成的工业化梁厂碳排放核算,也可参考使用。

1.0.3 开展碳排放测算时,应根据项目设计文件,全面了解工程建设条件,掌握各项基础资料,正确引用碳排放测算定额、碳排放因子,按本文件进行测算。

1.0.4 本文件及配套定额未包含的测算项目的碳排放补充定额和碳排放因子,可执行相应行业规定。

1.0.5 工业化梁厂生产碳排放测算除应符合本文件的规定外,尚应符合国家和行业现行有关标准的规定。

2 术语和符号

2.1 术语

2.1.1 工业化梁厂生产碳排放 carbon emission from industrial beam factory production

在工业化梁厂生产预制梁有关的材料生产及运输阶段、建设阶段产生的二氧化碳排放的总和。

2.1.2 碳排放测算定额 carbon emission quota

按工业化生产施工组织和正常施工条件,在浙江省地区社会先进水平下,为完成单位合格工程所必需并因此产生二氧化碳排放的人工、材料、施工机械台班消耗量。

2.1.3 碳排放因子 carbon emission factor

将人工消耗量、施工机械台班消耗量(含能源消耗)、材料消耗量与二氧化碳排放相对应的系数,用于量化工业化梁厂生产相关活动的碳排放。

2.2 符号

2.2.1 碳排放量

E_p——施工人员生活耗能碳排放量;

E_e——施工机械耗能碳排放量;

E_m——材料生产过程碳排放量;

E_t——材料场外运输过程碳排放量;

E_d——外购电力发电过程碳排放量。

2.2.2 碳排放测算定额消耗量

$N_{p,i}$——第 i 项工程内容的定额人工消耗量;

$N_{e,i,j}$——第 i 项工程内容中第 j 种施工机械的定额台班消耗量;

$N_{m,i,k}$——第 i 项工程内容中第 k 种材料的定额消耗量。

2.2.3　碳排放因子

EF_p——施工人员生活耗能的碳排放因子；

$EF_{e,j}$——第 j 种施工机械的台班耗能碳排放因子；

$EF_{m,k}$——第 k 种材料的生产过程碳排放因子；

$EF_{t,p}$——第 p 种运输装备单位周转量的碳排放因子；

EF_d——电网平均二氧化碳排放因子。

2.2.4　其他符号

A_i——第 i 项工程内容的工程数量；

$B_{e,j}$——第 j 种施工机械单位台班的用电量。

3 基本规定

3.1 测算范围

3.1.1 工业化梁厂生产碳排放测算的范围边界应包含直接碳排放和间接碳排放。

条文说明

从全社会"碳达峰"视角考虑工业化梁厂生产碳排放,不仅要关注施工现场的直接碳排放,而且要关注因梁厂建设生产而引发的材料生产、电力购置等上游价值链的间接碳排放。在前期工作阶段,将上游价值链碳排放纳入碳排放测算,能够为不同建设方案和材料使用之间的碳排放比较分析提供基础;有助于构建将碳排放纳入考核的梁厂建设生产材料供应方案比选方法;有助于全面反映项目低碳材料、绿色工艺、绿色技术使用带来的碳减排效果。为此,本文件参考世界资源研究院《温室气体核算体系:企业价值链(范围三)核算与报告标准》中关于企业价值链上游排放计算范围的界定,制定了工业化梁厂生产碳排放测算的范围边界。

3.1.2 工业化梁厂生产碳排放测算仅测算二氧化碳排放,不测算除二氧化碳外的其他温室气体排放。

条文说明

通过工业化梁厂生产温室气体排放特征分析可知,二氧化碳排放量在温室气体总排放量中占比最高。因此,本文件所指的碳排放均界定为二氧化碳排放。

3.1.3 工业化梁厂生产碳排放测算的时间范围应符合下列规定:

1 直接碳排放测算从预期的梁厂建设起至梁厂拆除止。

2 材料供应链碳排放测算从生产该材料的原材料开采起至该材料到达施工场地物料仓库止。

3 外购电力发电过程碳排放测算与国家相关机构规定的电网平均二氧化碳排放的计算范围保持一致。

条文说明

本文件界定的碳排放测算范围，既包含工业化梁厂生产当时当地的碳排放，也包括发生在价值链上游的非工程项目当时当地的碳排放，因此，需对碳排放测算的时间范围进行规定。

与材料有关的各种碳排放在本文件中按照其发生时间和发生地点进行规定：从生产该材料的原材料开采起至该材料到达施工场地物料仓库止，包含了材料的生产、加工活动和在施工场地之外的运输活动中产生的碳排放，即“从矿山到大门”，在本文件中定义为“材料供应链碳排放”，属于间接碳排放。

3.2 测算资料

3.2.1 设计阶段，工业化梁厂生产碳排放测算应依据下列资料开展：

1 国家发布的有关法律法规等；

2 本文件及配套定额；

3 设计文件、工程施工方案（含施工组织设计方案）；

4 其他有关资料。

4 直接碳排放测算方法

4.1 一般规定

4.1.1 直接碳排放指工业化梁厂生产空间范围内发生的各项建设、生产、拆除相关活动产生的二氧化碳直接排放。工业化梁厂生产空间范围包括预制梁厂、转运通道、钢筋加工厂、混凝土拌和站等。

4.1.2 直接碳排放应包括施工人员生活耗能碳排放、施工机械耗能碳排放。

4.2 施工人员生活耗能碳排放

4.2.1 施工人员生活耗能碳排放指从事建筑安装工程施工的生产工人在项目生活期间消耗能源所产生的碳排放。

4.2.2 施工人员生活耗能碳排放测算范围应符合下列规定：

1 包括生产工人住宿、餐饮炊事、取暖降温、照明、电器使用和通勤等活动产生的碳排放；

2 不包括施工管理人员在项目生活期间消耗化石燃料所产生的碳排放。

4.2.3 施工人员生活耗能碳排放应按式(4.2.3)计算：

$$E_p = \sum_{i=1}^{n}(A_i \times N_{p,i} \times EF_p) \tag{4.2.3}$$

式中：E_p——施工人员生活耗能碳排放量($kgCO_2$)；

A_i——第 i 项工程内容的工程数量(定额数据中的表列单位)；

$N_{p,i}$——第 i 项工程内容的定额人工消耗量(工日/工程数量表列单位)；

EF_p——施工人员生活耗能碳排放因子($kgCO_2$/工日)，应优先采用经验数据，当缺少经验数据时，可按 1.8$kgCO_2$/工日计取；

i——测算项目序号。

4.3 施工机械耗能碳排放

4.3.1 施工机械耗能碳排放指各类工程机械和工程仪表为项目工作期间消耗化石燃料(煤炭、石油、天然气)所产生的碳排放。

4.3.2 施工机械耗能碳排放测算范围应符合下列规定:

1 包括施工机械正常运转、安拆、维修保养等过程中燃用化石燃料所产生的碳排放;

2 为施工现场自发电投入的施工机械应纳入测算;

3 不包含施工机械使用电力的间接碳排放。

条文说明

电力在发电过程中产生二氧化碳排放,在使用过程中不产生二氧化碳排放。因此,本文件在测算施工机械耗能碳排放时,只测算消耗化石燃料产生的碳排放,不测算使用电力产生的碳排放。外购电力发电过程碳排放作为一种间接碳排放,按照本文件第5.4节给出的方法进行测算。

4.3.3 施工机械耗能碳排放应按式(4.3.3)计算:

$$E_{\mathrm{e}} = \sum_{i=1}^{n} \sum_{j=1}^{m} (A_i \times N_{\mathrm{e},i,j} \times \mathrm{EF}_{\mathrm{e},j}) \tag{4.3.3}$$

式中:E_{e}——施工机械耗能碳排放量($kgCO_2$);

A_i——第 i 项工程内容的工程数量(定额数据中的表列单位);

$N_{\mathrm{e},i,j}$——第 i 项工程内容中第 j 种施工机械的定额台班消耗量(台班/工程数量表列单位),仅测算燃用化石燃料的施工机械;

$\mathrm{EF}_{\mathrm{e},j}$——第 j 种施工机械的台班耗能碳排放因子($kgCO_2$/台班),可按本文件附录A确定;

i——测算项目序号;

j——施工机械序号。

5　间接碳排放测算方法

5.1　一般规定

5.1.1　间接碳排放指工业化梁厂生产耗用的构成工程实体的材料和终端消费的外部调入电力在生产及供应过程中产生的碳排放。

5.1.2　间接碳排放应包括材料供应链碳排放和外购电力发电过程碳排放。

5.1.3　间接碳排放应符合现行《环境管理　生命周期评价　原则与框架》(GB/T 24040)、《环境管理　生命周期评价　要求与指南》(GB/T 24044)的有关规定。

5.2　材料生产过程碳排放

5.2.1　材料生产过程碳排放指从生产该种材料的原料获取到材料出厂的整个过程中，由于物质和能量流动、转化而产生的碳排放。

5.2.2　材料应包括外购的构成工程实体的原材料、辅助材料、构配件、零件、半成品或成品，满足工业化梁厂生产场地建设、生产、管理需要的设备，以及使用的周转性的材料、模板、支撑、脚手架和挡土板等。纳入测算的材料应符合下列规定：

1　所选材料的总重量不应低于工业化梁厂生产所耗材料总重量的95%；

2　当符合本条第1款规定时，重量比小于0.1%的材料可不纳入测算。

条文说明

工业化梁厂生产使用的外购材料繁多，不同材料在项目中的消耗量差异巨大。鉴于国内对相关材料生产过程碳排放因子的现状研究情况，本文件在纳入测算的材料的选择上，按照抓大放小的原则，采用与《建筑碳排放计算标准》(GB/T 51366—2019)一致的规定。

5.2.3　材料生产过程碳排放应按式(5.2.3)计算：

$$E_{\mathrm{m}} = \sum_{i=1}^{n} \sum_{k=1}^{m} (A_i \times N_{\mathrm{m},i,k} \times \mathrm{EF}_{\mathrm{m},k}) \tag{5.2.3}$$

式中：E_m——材料生产过程碳排放量（$kgCO_2$）；

A_i——第 i 项工程内容的工程数量（定额数据中的表列单位）；

$N_{m,i,k}$——第 i 项工程内容中第 k 种材料的定额消耗量（kg/工程数量表列单位、m^3/工程数量表列单位等）；

$EF_{m,k}$——第 k 种材料的生产过程碳排放因子（$kgCO_2/kg$、$kgCO_2/m^3$ 等），材料生产过程碳排放因子宜选用经第三方审核的材料碳足迹数据，当无第三方数据时，可按本文件附录 A 确定；

i——测算项目序号；

k——材料序号。

条文说明

材料生产过程碳排放因子包括：①材料生产涉及原材料的开采、生产过程的碳排放；②材料生产涉及能源的开采、生产过程的碳排放；③材料生产涉及原材料、能源的运输过程的碳排放；④材料生产过程的直接碳排放。

5.2.4 替代材料的材料生产过程碳排放可遵循下列原则：

1 使用工业废料和建筑垃圾替代常规材料时，可忽略其材料生产过程碳排放；

2 再生循环利用废旧材料时，可忽略其材料生产过程碳排放。

条文说明

交通运输部《关于实施绿色公路建设的指导意见》（交办公路〔2016〕93 号）明确提出：大力推行废旧材料再生循环利用。积极推行废旧沥青路面、钢材、水泥等材料再生和循环利用。推广粉煤灰、煤矸石、矿渣、废旧轮胎等工业废料的综合利用。开展建筑垃圾的无害化处理与利用。

使用工业废料和建筑垃圾替代常规材料，有利于降低全社会碳排放。再生循环利用公路工程废旧材料和弃方，如公路改扩建产生的废旧沥青路面、拆除的混凝土构件等，有利于减少公路工程全寿命周期碳排放。

5.3 材料场外运输过程碳排放

5.3.1 材料场外运输过程碳排放指从材料出厂到进入工地仓库之间的运输过程中，由于车辆消耗能源而产生的碳排放。

5.3.2 纳入材料场外运输过程碳排放测算的材料应符合本文件第 5.2.2 条的有关规定。

5.3.3 材料场外运输过程碳排放应按式(5.3.3)计算:

$$E_t = \sum_{k=1}^{n}\left[\sum_{i=1}^{m}(A_i \times N_{m,i,k}) \times L_k \times EF_{t,p}\right] \tag{5.3.3}$$

式中:E_t——材料场外运输过程碳排放量($kgCO_2$);

A_i——第 i 项工程内容的工程数量(定额数据中的表列单位);

$N_{m,i,k}$——第 i 项工程内容中第 k 种材料的定额消耗量(kg/工程数量表列单位、m^3/工程数量表列单位等);

L_k——第 k 种材料的场外运输平均运距(km);

$EF_{t,p}$——第 p 种运输装备单位周转量的碳排放因子[$kgCO_2$/(t·km)],可按本文件附录 A 确定;

i——测算项目序号;

k——材料序号;

p——运输装备类型。

5.3.4 各项材料的场外运输距离应采用设计文件提供的实际运输距离。当材料实际运输距离未知时,可按下列规定取值:

1 混凝土的默认运输距离为 40km;

2 砂、石等地材的默认运输距离为 50km;

3 其他材料的默认运输距离为 500km。

5.4 外购电力发电过程碳排放

5.4.1 外购电力发电过程碳排放指梁厂建设生产期由外部调入的电力在发电过程中产生的碳排放。

5.4.2 外购电力发电过程碳排放测算应符合下列规定:

1 外购电力应包括梁厂建设生产期自外购进的电力,不应包括相关单位使用发电机自行发电的电力;

2 通过设计文件、工程实施方案无法明确的用电量暂不纳入测算。

5.4.3 外购电力发电过程碳排放应按式(5.4.3)计算:

$$E_d = \sum_{i=1}^{n}\sum_{j=1}^{m}(A_i \times N_{e,i,j} \times B_{e,j} \times EF_d) \tag{5.4.3}$$

式中:E_d——外购电力发电过程碳排放量($kgCO_2$);

A_i——第 i 项工程内容的工程数量(定额数据中的表列单位);

$N_{e,i,j}$——第 i 项工程内容中第 j 种施工机械的定额台班消耗量(台班/工程数量表列单位);

$B_{e,j}$——第 j 种施工机械单位台班的用电量(kWh/台班),可按本文件附录 A 确定;

EF_d——全国电网平均二氧化碳排放因子（$kgCO_2/kWh$），采用由国家相关机构公布的电网平均二氧化碳排放因子；

i——测算项目序号；

j——施工机械序号。

条文说明

根据生态环境部《关于做好2023—2025年发电行业企业温室气体排放报告管理有关工作的通知》（环办气候函〔2023〕43号），2022年度全国电网平均排放因子为$0.5703kgCO_2/kWh$。后续年度全国电网平均排放因子如有更新，由生态环境部在当年年底前另行发布。

6 碳排放测算程序及测算方式

6.0.1 工业化梁厂生产碳排放测算程序及测算方式应符合表6.0.1的规定。

表6.0.1 工业化梁厂生产碳排放测算程序及测算方式

序号	测算项目	测算方式
(一)	施工人员生活耗能碳排放	Σ工程数量×碳排放测算定额人工消耗量×施工人员生活耗能碳排放因子
(二)	施工机械耗能碳排放	Σ工程数量×碳排放测算定额施工机械台班消耗量×施工机械耗能碳排放因子
(三)	直接碳排放	(一)+(二)
(四)	材料生产过程碳排放	Σ工程数量×碳排放定额材料消耗量×材料生产过程碳排放因子
(五)	材料场外运输过程碳排放	Σ工程数量×碳排放定额材料消耗量×材料运距×运输装备单位周转量碳排放因子
(六)	外购电力发电过程碳排放	Σ工程数量×碳排放定额施工机械台班消耗量×施工机械单位台班用电量×电网平均二氧化碳排放因子
(七)	间接碳排放	(四)+(五)+(六)
(八)	工业化梁厂生产碳排放	(三)+(七)

6.0.2 工业化梁厂生产碳排放测算的基础数据和测算过程应使用统一表格进行汇总。表格样式应符合本文件附录B的规定。

第二部分

工业化梁厂生产碳排放测算补充定额

总 说 明

一、《工业化梁厂生产碳排放测算补充定额》(以下简称“本定额”)是按照交通运输行业推荐性标准《公路工程预算定额》(JTG/T 3832—2018)的编制规则,依托杭甬高速公路复线宁波段二期工程,结合碳排放因子法,以现场实际施工工法及其工效水平下的资源消耗为基础,基于杭州市交通工程集团有限公司的施工装备水平、施工组织和现场管理水平等编制。

二、本定额适用于浙江省地区高等级公路桥梁预制项目,可作为工业化梁厂生产碳排放量预测性计算、多方案比选和优化设计的参考依据;对于已建成的工业化梁厂碳排放核算,也可参考使用。

三、本定额的碳排放定额是以人工、材料、机械台班消耗量为表现形式的碳排放测算定额。计算碳排放量时,材料和机械使用的碳排放因子可按《建筑碳排放计算标准》(GB/T 51366—2019)以及本文件附录(材料生产过程碳排放因子、燃油施工机械台班耗能碳排放因子、电动施工机械能耗量等)计算。

四、定额中人工和机械工作时间的每工日、台班均按 8h 计算。

五、定额的工程内容均包括定额项目的全部施工过程。定额内除扼要说明施工的主要操作工序外,均包括准备和结束、场内操作范围内的水平与垂直运输、材料工地小搬运、辅助和零星用工、工具及机械小修、场地清理等工程内容。

六、定额的材料、成品、半成品均已包括场内运输及操作损耗,进行碳排放量测算时,不得另行增加。

七、定额周转性的型钢、钢板、钢模板、钢管支撑、吊具、脚手架等的数量,已按施工现场消耗及实际回收率考虑,除通用性较强可周转使用的材料,以及定额说明、备注中明确如何摊销计算的材料外,其余均已按扣除残值后按 1 次摊销计算。

八、定额列有混凝土的强度等级和用量,当设计水泥混凝土的强度等级或水泥强度等级与定额所列不同时,可按实际配合比换算。

九、定额机械设备的种类、规格,是结合梁厂建设生产现场实际施工情况,对部分功能相同、工效相近的机械设备进行了合理归类合并,以不影响整体施工能力和施工工效,且易于区分、方便使用为原则选定的,进行碳排放量测算时,不得因机械设备的名称、种类或规格与定额不同而随意抽换。

十、定额的施工机械台班消耗量,已考虑了在不同施工环境条件下,受风、雨、寒冷及高温等自然条件影响,有效施工作业率低,以及工地合理停置、多次往返、待机空转和必要的备用量等因素,使用中不得随意增减和抽换。

十一、定额中只列出了工程所需主要材料用量和主要机械台班使用量,对于次要、零星材料和小型施工机具均未一一列出，其碳排放量已在指标内综合考虑。

十二、定额中注明“××以内”或“××以下”者，均包括“××”数本身；而注明“××以外”或“××以上”者，则不包括“××”数本身。定额内数量带“(　　)”者，表示碳排放基准值中未包括其排放量。

十三、定额的碳排放基准值是人工耗能碳排放量、材料生产过程碳排放量、施工机械耗能碳排放量的合计值。碳排放基准值中的材料、机械按本文件附录 A 的碳排放因子计算。

1　工业化梁厂建设

说　　明

一、本章定额包括装配式钢结构工程、混凝土拌和站定额项目。

1-1　装配式钢结构工程：本定额根据《房屋建筑与装饰工程消耗量定额》（TY 01—31—2021），结合杭甬高速公路复线宁波段二期工程现场实际资源投入情况统计分析编制。

1-2　混凝土拌和站：本定额根据《公路工程预算定额》（JTG/T 3832—2018），结合杭甬高速公路复线宁波段二期工程现场实际资源投入情况统计分析编制。

二、工程量计算一般规则。

1. 装配式钢结构工程建设，以 100m^2 或 t 为单位，按设计面积或重量计。

2. 未尽事宜详情参见《公路工程预算定额》（JTG/T 3832—2018）和《房屋建筑与装饰工程消耗量定额》（TY 01—31—2021）。

1-1 装配式钢结构工程

I 钢结构厂房

工程内容 构件安装、临时定位、喷砂除锈、刷油、防火涂料。

单位:100m²

顺序号	项目	单位	代号	1
1	人工	工日	1001001	56.64
2	钢柱	t	2004002	1.46
3	钢梁	t	2004003	1.438
4	钢吊车梁	t	2004004	0.655
5	钢平台	t	2004005	0.014
6	钢支撑	t	2004007	0.53
7	防锈漆	kg	5009030	19.35
8	调和漆	kg	5010001	26.3
9	环氧富锌底漆	kg	5009024	8.87
10	厚型金属防火涂料	kg	5010001	290.3
11	高强螺栓	套	2009047	45.7
12	其他材料	%	7801001	0.5
13	20t 以内汽车式起重机	台班	8009029	0.616
14	40t 以内汽车式起重机	台班	8009032	0.093
15	20t 以内平板拖车组	台班	8007024	0.223
16	10t 以内跨度 20m 龙门式起重机	台班	8009064	0.369
17	500A 以内二氧化碳气体保护焊机	台班	8016001	0.721
18	32kV · A 以内交流电弧焊机	台班	8015028	0.721
19	$3m^3$/min 以内电动空气压缩机	台班	8017042	1.925
20	$10m^3$/min 以内电动空气压缩机	台班	8017044	1.645
21	$18m^3$/min 以内鼓风机	台班	8023016	1.395
22	喷砂除锈机	台班	8023017	1.645
23	多用喷枪	台班	8024001	2.805
24	电动扭矩扳手	台班	8024002	0.312
25	电动扭剪扳手	台班	8024003	2.673
26	小型机具	%	8099001	1
27	碳排放基准值	$kgCO_2$	9999001	12337.36

Ⅱ　钢屋架

工程内容　场内转运、卸料、检验、划线、构件拼装、加固，翻身就位、绑扎吊装、校正、焊接及超探检验、固定、零星除锈、补漆、清理。

单位：t

顺序号	项目	单位	代号	2
1	人工	工日	1001001	1.37
2	钢屋架	t	2004001	1
3	环氧富锌底漆	kg	5009024	1.07
4	电焊条	kg	2009011	3
5	铁件	kg	2009028	2.27
6	二氧化碳气体	m^3	5010003	1.22
7	电焊丝	kg	2009055	1.87
8	钢丝绳	kg	2001019	5.43
9	稀释剂	kg	5010002	0.09
10	其他材料	%	7801001	0.5
11	40t 以内汽车式起重机	台班	8009032	0.18
12	32kV·A 以内交流电弧焊机	台班	8015028	0.24
13	500A 以内二氧化碳气体保护焊机	台班	8016001	0.18
14	50t 以内履带式起重机	台班	8009009	0.293
15	超声波探伤仪	台班	8012001	0.044
16	小型机具	%	8099001	1
17	碳排放基准值	$kgCO_2$	9999001	2585.94

Ⅲ 钢柱

工程内容 场内转运、卸料、检验、划线、构件拼装、加固,翻身就位、绑扎吊装、校正、焊接及超探检验、固定、零星除锈、补漆、清理。

单位:t

顺序号	项目	单位	代号	3
1	人工	工日	1001001	1.36
2	钢柱	t	2004002	1
3	环氧富锌底漆	kg	5009024	1.07
4	电焊条	kg	2009011	1.5
5	铁件	kg	2009028	2.58
6	二氧化碳气体	m^3	5010003	0.87
7	电焊丝	kg	2009055	1.31
8	钢丝绳	kg	2001019	5.85
9	稀释剂	kg	5010002	0.09
10	其他材料	%	7801001	0.5
11	40t 以内汽车式起重机	台班	8009032	0.18
12	32kV·A 以内交流电弧焊机	台班	8015028	0.12
13	500A 以内二氧化碳气体保护焊机	台班	8016001	0.12
14	50t 以内履带式起重机	台班	8009009	0.237
15	超声波探伤仪	台班	8012001	0.088
16	小型机具	%	8099001	1
17	碳排放基准值	$kgCO_2$	9999001	2506.92

Ⅳ　钢梁

工程内容　场内转运、卸料、检验、划线、构件拼装、加固,翻身就位、绑扎吊装、校正、焊接及超探检验、固定、零星除锈、补漆、清理。

单位:t

顺序号	项目	单位	代号	4
1	人工	工日	1001001	0.83
2	钢梁	t	2004003	1
3	环氧富锌底漆	kg	5009024	1.07
4	电焊条	kg	2009011	2.18
5	铁件	kg	2009028	5.36
6	二氧化碳气体	m^3	5010003	1.22
7	电焊丝	kg	2009055	1.87
8	钢丝绳	kg	2001019	5.15
9	稀释剂	kg	5010002	0.09
10	其他材料	%	7801001	0.5
11	40t 以内汽车式起重机	台班	8009032	0.18
12	32kV·A 以内交流电弧焊机	台班	8015028	0.18
13	500A 以内二氧化碳气体保护焊机	台班	8016001	0.18
14	超声波探伤仪	台班	8012001	0.088
15	小型机具	%	8099001	1
16	碳排放基准值	$kgCO_2$	9999001	2470.47

V　钢吊车梁

工程内容　场内转运、卸料、检验、划线、构件拼装、加固，翻身就位、绑扎吊装、校正、焊接及超探检验、固定、零星除锈、补漆、清理。

单位：t

顺序号	项目	单位	代号	5
1	人工	工日	1001001	0.67
2	钢吊车梁	t	2004004	1
3	环氧富锌底漆	kg	5009024	1.07
4	电焊条	kg	2009011	3
5	铁件	kg	2009028	5.77
6	二氧化碳气体	m^3	5010003	1.73
7	电焊丝	kg	2009055	2.62
8	钢丝绳	kg	2001019	3.93
9	稀释剂	kg	5010002	0.09
10	其他材料	%	7801001	0.5
11	40t 以内汽车式起重机	台班	8009032	0.14
12	32kV·A 以内交流电弧焊机	台班	8015028	0.24
13	500A 以内二氧化碳气体保护焊机	台班	8016001	0.24
14	50t 以内履带式起重机	台班	8009009	0.237
15	超声波探伤仪	台班	8012001	0.106
16	小型机具	%	8099001	1
17	碳排放基准值	$kgCO_2$	9999001	2555.53

Ⅵ　钢平台、钢楼梯

工程内容　场内转运、卸料、检验、划线、构件拼装、加固，翻身就位、绑扎吊装、校正、焊接及超探检验、固定、零星除锈、补漆、清理。

单位：t

顺序号	项目	单位	代号	钢平台	钢楼梯
				6	7
1	人工	工日	1001001	2.70	2.67
2	钢平台	t	2004005	1	—
3	钢楼梯	t	2004006	—	1
4	环氧富锌底漆	kg	5009024	2.14	2.14
5	电焊条	kg	2009011	3.50	3.50
6	铁件	kg	2009028	3.65	7.42
7	二氧化碳气体	m^3	5010003	5.46	3.61
8	钢丝绳	kg	2001019	3.31	3.31
9	稀释剂	kg	5010002	0.17	0.17
10	其他材料	%	7801001	0.5	0.5
11	20t 以内汽车式起重机	台班	8009032	0.22	0.18
12	32kV · A 以内交流电弧焊机	台班	8015028	0.28	0.28
13	超声波探伤仪	台班	8012001	0.106	0.09
14	小型机具	%	8099001	1	1
15	碳排放基准值	$kgCO_2$	9999001	2506.66	2507.18

Ⅶ 其他钢构件

工程内容 场内转运、卸料、检验、划线、构件拼装、加固，翻身就位、绑扎吊装、校正、焊接及超探检验、固定、零星除锈、补漆、清理。

单位：t

顺序号	项目	单位	代号	钢支撑等其他构件	零星钢构件
				8	9
1	人工	工日	1001001	1.27	3.31
2	钢支撑	t	2004007	1	—
3	钢构件	t	2004008	—	1
4	环氧富锌底漆	kg	5009024	2.14	2.14
5	电焊条	kg	2009011	3.5	3.5
6	铁件	kg	2009028	4.65	1.28
7	六角螺栓	kg	2010001	5.62	6.7
8	钢丝绳	kg	2001019	4.97	4.97
9	稀释剂	kg	5010002	0.17	0.17
10	其他材料	%	7801001	0.5	0.5
11	20t 以内汽车式起重机	台班	8009032	0.21	0.25
12	32kV · A 以内交流电弧焊机	台班	8015028	0.28	0.28
13	超声波探伤仪	台班	8012001	0.106	0.09
14	小型机具	%	8099001	1	1
15	碳排放基准值	$kgCO_2$	9999001	2422.65	2515.7

1-2　混凝土拌和站

工程内容　混凝土拌和站安装、拆除：1）砌筑砂、石料仓隔板、挡墙、围墙，浇筑拌和站基座的全部工作；2）拌和站安装、拆除；3）竣工后施工场地清理、拆除；4）场内 50m 以内范围材料运输。

单位：1 座

顺序号	项目	单位	代号	生产能力(m^3/h)
				180 以内
				1
1	人工	工日	1001001	550.73
2	M10 水泥砂浆	m^3	1501002	(100.64)
3	普 C30-42.5-4	m^3	1503033	(204)
4	HPB300 钢筋	t	2001001	0.311
5	8～12 号铁丝	kg	2001021	1.52
6	型钢	t	2003004	0.257
7	组合钢模板	t	2003026	0.542
8	铁件	kg	2009028	209.41
9	水	m^3	3005004	695.96
10	原木	m^3	4003001	0.26
11	锯材	m^3	4003002	0.07
12	中(粗)砂	m^3	5503005	222.41
13	天然砂砾	m^3	5503008	236.35
14	碎石(4cm)	m^3	5505013	176.17
15	青(红)砖	1000 块	5507003	227.11
16	42.5 级水泥	t	5509002	98.943
17	其他材料	%	7801001	0.5
18	8～10t 光轮压路机	台班	8001079	9.696
19	250L 以内强制式混凝土搅拌机	台班	8005002	10.843
20	40t 以内平板拖车组	台班	8007026	7.349
21	12t 以内汽车式起重机	台班	8009027	5.476
22	30t 以内汽车式起重机	台班	8009031	14.033
23	小型机具	%	8099001	1
24	碳排放基准值	$kgCO_2$	9999001	116482.4

2 工业化梁厂生产

说 明

一、本节定额包括预制预应力T梁混凝土、集中加工预制预应力T梁钢筋、预应力钢绞线、预制预应力T梁蒸汽养护、预制预应力T梁场内转运等定额项目。

2-1 预制预应力T梁混凝土:本定额按工作日写实法现场技术测定结合项目统计资料分析编制。

2-2 集中加工预制预应力T梁钢筋:本定额按工作日写实法现场技术测定结合项目统计资料分析编制。

2-3 预应力钢绞线:张拉分为三个步骤,腹板初次张拉、腹板终张拉和桥位顶板张拉,本定额包括腹板的两次张拉。本定额按工作日写实法现场技术测定结合项目统计资料分析编制。

2-4 预制预应力T梁蒸汽养护:本定额按工作日写实法现场技术测定结合项目统计资料分析编制。

2-5 预制预应力T梁场内转运:本定额按工作日写实法现场技术测定结合项目统计资料分析编制。

二、工程量计算一般规则。

1. 现浇混凝土的工程量为T梁的设计体积,不扣除钢筋、预埋件和预留孔道所占的体积。

2. T梁钢筋及钢绞线,以t为单位,按设计重量计。

2-1　预制预应力 T 梁混凝土

工程内容　混凝土配料、拌和、出料、运输；液压钢模板安装、拆除、修理、涂脱模剂、模板紧固、堆放；混凝土浇筑、捣固、抹面、修整、凿毛和喷淋养护。

单位：$10m^3$ 实体

顺序号	项目	单位	代号	1
1	人工	工日	1001001	0.83
2	普 C50-42.5-2	m^3	1503018	(10.03)
3	液压模板系统	t	2003025	0.107
4	水	m^3	3005004	15.46
5	中(粗)砂	m^3	5503005	7.44
6	碎石(2cm)	m^3	5505012	7.35
7	42.5 级水泥	t	5509002	3.551
8	高性能减水剂	t	5510001	0.047
9	其他材料	%	7801001	0.5
10	移动台座	台班	8006003	0.061
11	1.5kW 附着式振捣器	台班	8006004	0.017
12	3kW 振捣棒	台班	8006005	0.16
13	150kW 侧模清扫机	台班	8006006	0.049
14	$3m^3$ 筒式混凝土输送机	台班	8006001	0.048
15	$4m^3$ 混凝土布料机	台班	8006002	0.048
16	16t 跨度 36.8m 桥式起重机	台班	8010001	0.071
17	1.5kW 角磨机	台班	8006007	0.072
18	小型机具	%	8099001	0.5
19	碳排放基准值	$kgCO_2$	9999001	3023.75

2-2　集中加工预制预应力 T 梁钢筋

工程内容　钢筋除锈、加工、绑扎成型、吊装入模、模内绑扎。

单位：t

顺序号	项目	单位	代号	1
1	人工	工日	1001001	0.64
2	HPB300 钢筋	t	2001001	0.22
3	HRB400 钢筋	t	2001002	0.786
4	钢筋吊具和胎架	t	2001019	0.027
5	20～22 号铁丝	kg	2001022	3.64
6	电焊丝	kg	2009055	6.67
7	二氧化碳气体	m^3	5010003	0.384
8	其他材料	%	7801001	0.2
9	FHS-150 数控钢筋剪切生产线	台班	8015002	0.079
10	FHB2-32A 数控钢筋弯曲中心	台班	8015006	0.089
11	FHG-12 数控钢筋弯箍机	台班	8015007	0.098
12	500A 以内二氧化碳气体保护焊机	台班	8016001	0.040
13	16t 跨度 36.8m 桥式起重机	台班	8010001	0.018
14	小型机具	%	8099001	0.5
15	碳排放基准值	$kgCO_2$	9999001	2490.89

2-3　预应力钢绞线

工程内容　波纹管安装；安装压浆嘴、排气管、锚垫板、螺旋筋；钢绞线束制作，穿束；安装锚具、张拉机、张拉；切割钢绞线头、封锚、压降。

单位：t

顺序号	项目	单位	代号	束长 20m 以内			
				锚具型号			
				3 孔		7 孔	
				18.94 束/t	每增减 1 束	8.12 束/t	每增减 1 束
				1	2	3	4
1	人工	工日	1001001	0.40	0.03	0.35	0.03
2	钢绞线	t	2001008	1.050	—	1.050	—
3	塑料波纹管 SBG-50Y	m	5001035	293.91	—	—	—
4	塑料波纹管 SBG-60Y	m	5001036	—	—	126.25	—
5	压浆料	t	5003003	0.677	—	0.354	—
6	钢绞线圆锚(3 孔)	套	6005005	39	2	—	—
7	钢绞线圆锚(7 孔)	套	6005009	—	—	17	2
8	其他材料	%	7801001	0.2	0.2	0.2	0.2
9	智能张拉系统	台班	8005079	1.84	0.10	0.79	0.10
10	智能压浆系统	台班	8005084	0.05	—	0.03	—
11	小型机具	%	8099001	1	1	1	1
12	碳排放基准值	$kgCO_2$	9999001	4022.82	58.66	3465.64	93.12

续前页　　单位：t

顺序号	项目	单位	代号	束长 40m 以内			
				锚具型号			
				7 孔		12 孔	
				3.82 束/t	每增减 1 束	2.33 束/t	每增减 1 束
				5	6	7	8
1	人工	工日	1001001	0.45	0.5	0.49	0.5
2	钢绞线	t	2001008	1.050	—	1.050	—
3	塑料波纹管 SBG-60Y	m	5001036	133.32	—	—	—
4	塑料波纹管 SBG-75Y	m	5001039	—	—	80.80	—
5	压浆料	t	5003003	0.374	—	0.333	—
6	钢绞线圆锚(7 孔)	套	6005009	8	2	—	—
7	钢绞线圆锚(12 孔)	套	6005021	—	—	5	2
8	其他材料	%	7801001	0.2	0.2	0.2	0.2
9	智能张拉系统	台班	8005079	0.53	0.14	0.32	0.14
10	智能压浆系统	台班	8005084	0.03	—	0.02	—
11	小型机具	%	8099001	1	1	1	1
12	碳排放基准值	$kgCO_2$	9999001	3122.86	93.48	3104.55	162.44

2-4　预制预应力T梁蒸汽养护

工程内容　移动台座转运至蒸养箱、设定温度湿度、蒸汽养护、按时测温、测湿、喷水、检查管道部件等全部操作。

单位:$10m^3$

顺序号	项目	单位	代号	1
1	人工	工日	1001001	0.02
2	台车行走系统	台班	8009080	0.004
3	蒸汽养护系统	台班	8018001	0.485
4	53℃水蒸气	kg	5010004	75.31
5	碳排放基准值	$kgCO_2$	9999001	76.6

2-5　预制预应力 T 梁场内转运

工程内容　门吊挂钩、起吊、横移、运梁车装车、固定构件；等待装卸；门吊挂钩、起吊、横移、存梁台座存放、固定构件、运梁车空回。

单位：100m³ 实体

顺序号	项目	单位	代号	80t 以内
				1
1	人工	工日	1001001	1.12
2	钢丝绳	kg	2001008	2.14
3	钢支撑	kg	5001035	0.64
4	锯材	m^3	4003002	0.03
5	120t 门式起重机	台班	5001036	0.204
6	运梁车	台班	5003003	0.408
7	碳排放基准值	$kgCO_2$	9999001	108.58

附录 A　碳排放因子

表 A-1　材料生产过程碳排放因子

序号	名称	代 号	单位	排放因子（$kgCO_2$）
1	HPB300 钢筋	2001001	t	2375
2	HRB400 钢筋	2001002	t	2340
3	钢丝绳	2001019	kg	2.34
4	钢屋架	2004001	t	2866.41
5	钢柱	2004002	t	2761.14
6	钢梁	2004003	t	2918.34
7	钢吊车梁	2004004	t	2982.33
8	钢平台	2004005	t	2769.34
9	钢楼梯	2004006	t	2871.4
10	钢支撑	2004007	t	2758.4
11	钢构件	2004008	t	2873.4
12	电焊条	2009011	kg	1.906
13	高强螺栓	2009047	套	12.36
14	电焊丝	2009055	kg	1.906
15	六角螺栓	2010001	kg	2.05
16	防锈漆	5009030	kg	5.06
17	调和漆	5010001	kg	3.5
18	环氧富锌底漆	5009024	kg	3.6
19	厚型金属防火涂料	5010001	kg	0.735
20	稀释剂	5010002	kg	3.5
21	二氧化碳气体	5010003	m^3	1.884
22	53℃水蒸气	5010004	m^3	27.15
23	中(粗)砂	5503005	m^3	3.765
24	矿粉	5503013	t	84.4
25	碎石	5505016	m^3	3.815
26	42.5 级水泥	5509002	t	735

表 A-2　燃油施工机械台班耗能碳排放因子

序号	名称	代号	单位	排放因子($kgCO_2$)
1	斗容量 $3m^3$ 轮胎式装载机	8001049	台班	262.73
2	20t 以内平板拖车组	8007024	台班	142.98
3	120t 以内轮胎式运梁车	8007063	台班	151.20
4	50t 以内履带式起重机	8009009	台班	277.2
5	3t 以内内燃叉车	8009121	台班	63
6	20t 以内汽车式起重机	8009029	台班	120.99

表 A-3　电动施工机械能耗量

序号	名称	代号	单位	耗电量(kWh)
1	$180m^3/h$ 水泥混凝土拌和站	8005064	台班	1514.02
2	智能张拉系统	8005079	台班	52.043
3	智能压浆系统	8005084	台班	74.347
4	$3m^3$ 筒式混凝土输送机	8006001	台班	152.11
5	$4m^3$ 混凝土布料机	8006002	台班	392.73
6	移动台座	8006003	台班	188.38
7	1.5kW 附着式振捣器	8006004	台班	5.76
8	3kW 振捣棒	8006005	台班	11.52
9	150kW 侧模清扫机	8006006	台班	288
10	1.5kW 角磨机	8006007	台班	5.76
11	10t 以内跨度 20m 龙门式起重机	8009064	台班	88.29
12	120t 以内跨度 42m 龙门式起重机	8009072	台班	315.37
13	16t 跨度 36.8m 桥式起重机	8010001	台班	128.96
14	台车行走系统	8010002	台班	306.06
15	超声波探伤仪	8012001	台班	36.24
16	FHS-150 数控钢筋剪切生产线	8015002	台班	129.9
17	FHB2-32A 数控钢筋弯曲中心	8015006	台班	235.96
18	FHG-12 数控钢筋弯箍机	8015007	台班	231.56
19	32kV·A 以内交流电弧焊机	8015028	台班	96.53
20	500A 以内二氧化碳气体保护焊机	8016001	台班	106.62
21	$3m^3/min$ 以内电动空气压缩机	8017042	台班	107.5
22	$10m^3/min$ 以内电动空气压缩机	8017044	台班	403.2
23	蒸汽养护系统	8018001	台班	85.01
24	$18m^3/min$ 以内鼓风机	8023016	台班	192.57
25	喷砂除锈机	8023017	台班	39.6
26	多用喷枪	8024001	台班	5.59
27	电动扭矩扳手	8024002	台班	9.35
28	电动扭剪扳手	8024003	台班	10.77

表 A-4　场外运输过程碳排放因子

序号	名称	代号	单位	碳排放因子
1	装载质量 2t 以内载货汽车	8007001	$kgCO_2$/(t·km)	0.224
2	装载质量 3t 以内载货汽车	8007002	$kgCO_2$/(t·km)	0.159
3	装载质量 4t 以内载货汽车	8007003	$kgCO_2$/(t·km)	0.135
4	装载质量 5t 以内载货汽车	8007004	$kgCO_2$/(t·km)	0.127
5	装载质量 6t 以内载货汽车	8007005	$kgCO_2$/(t·km)	0.119
6	装载质量 8t 以内载货汽车	8007006	$kgCO_2$/(t·km)	0.104
7	装载质量 10t 以内载货汽车	8007007	$kgCO_2$/(t·km)	0.094
8	装载质量 12t 以内载货汽车	8007008	$kgCO_2$/(t·km)	0.088
9	装载质量 15t 以内载货汽车	8007009	$kgCO_2$/(t·km)	0.085
10	装载质量 20t 以内载货汽车	8007010	$kgCO_2$/(t·km)	0.073
11	装载质量 3t 以内自卸汽车	8007011	$kgCO_2$/(t·km)	0.176
12	装载质量 5t 以内自卸汽车	8007012	$kgCO_2$/(t·km)	0.117
13	装载质量 6t 以内自卸汽车	8007013	$kgCO_2$/(t·km)	0.114
14	装载质量 8t 以内自卸汽车	8007014	$kgCO_2$/(t·km)	0.095
15	装载质量 10t 以内自卸汽车	8007015	$kgCO_2$/(t·km)	0.086
16	装载质量 12t 以内自卸汽车	8007016	$kgCO_2$/(t·km)	0.081
17	装载质量 15t 以内自卸汽车	8007017	$kgCO_2$/(t·km)	0.077
18	装载质量 18t 以内自卸汽车	8007018	$kgCO_2$/(t·km)	0.081
19	装载质量 20t 以内自卸汽车	8007019	$kgCO_2$/(t·km)	0.080
20	装载质量 30t 以内自卸汽车	8007020	$kgCO_2$/(t·km)	0.054
21	装载质量 4t 以内防爆型载货汽车	8007021	$kgCO_2$/(t·km)	0.135
22	装载质量 15t 以内防爆型自卸汽车	8007022	$kgCO_2$/(t·km)	0.085
23	装载质量 15t 以内平板拖车组	8007023	$kgCO_2$/(t·km)	0.051
24	装载质量 20t 以内平板拖车组	8007024	$kgCO_2$/(t·km)	0.049
25	装载质量 30t 以内平板拖车组	8007025	$kgCO_2$/(t·km)	0.036
26	装载质量 40t 以内平板拖车组	8007026	$kgCO_2$/(t·km)	0.027
27	装载质量 50t 以内平板拖车组	8007027	$kgCO_2$/(t·km)	0.024
28	装载质量 60t 以内平板拖车组	8007028	$kgCO_2$/(t·km)	0.021
29	装载质量 80t 以内平板拖车组	8007029	$kgCO_2$/(t·km)	0.020
30	装载质量 100t 以内平板拖车组	8007030	$kgCO_2$/(t·km)	0.020
31	装载质量 120t 以内平板拖车组	8007031	$kgCO_2$/(t·km)	0.023
32	装载质量 150t 以内平板拖车组	8007032	$kgCO_2$/(t·km)	0.021
33	装载质量 200t 以内平板拖车组	8007033	$kgCO_2$/(t·km)	0.018

附录 B　碳排放测算表格体系

B.0.1　碳排放测算甲组文件应符合下列规定：

1　项目属性及工程数量表(00 表)见表 B.0.1-1；

2　项目碳排放测算汇总表(01 表)见表 B.0.1-2；

3　项目碳排放测算人工、主要材料、施工机械台班数量汇总表(02 表)见表 B.0.1-3；

4　材料供应链碳排放测算表(03 表)见表 B.0.1-4。

B.0.2　碳排放测算乙组文件应符合下列规定：

1　分项工程施工人员生活、施工机械耗能碳排放测算表(21-1 表)见表 B.0.2-1；

2　分项工程材料供应链碳排放测算表(21-2 表)见表 B.0.2-2；

3　分项工程外购电力发电过程碳排放测算表(21-3 表)见表 B.0.2-3。

表 B.0.1-1　项目属性及工程数量表

建设项目：　　　　　　　　　　　　编制日期：　　　　　　00 表

一	项目基本属性				
编号	名称	单位	信息		备注
001	工程所在地				
002	地形类别				平原或微丘
003	新建/改扩建				
004	公路技术等级				
005	设计速度	km/h			
006	路线长度	公路公里			不含连接线
007	桥梁长度	km			
008	厂房建筑面积	m^2			
009	20m T 梁数量	片			
010	25m T 梁数量	片			
011	30m T 梁数量	片			
二	项目工程数量信息				
编号	内容	单位	数量	数量指标	备注
10202	钢结构厂房建设	$100m^2$			

续表 B.0.1-1

二	**项目工程数量信息**				
编号	内容	单位	数量	数量指标	备注
10203	预制 T 梁钢筋混凝土	$10m^3$			
10206	预制 T 梁钢筋	t			
10207	预制 T 梁钢绞线	t			
三	**项目碳排放测算结果**				
编号	排放源名称	碳排放量（t）	碳排放强度（t/km）	占排放量比例（%）	备注
1	工程直接碳排放				
1.1	施工人员生活耗能碳排放				
1.2	施工机械耗能碳排放				
2	工程间接碳排放				
2.1	材料供应链碳排放				
2.2	外购电力发电过程碳排放				
3	工程项目总碳排放				
四	**分项工程碳排放情况**				
编号	分项工程	碳排放量（t）	工程直接碳排放强度（t/km）	工程间接碳排放强度（t/km）	碳排放强度（t/km）
1	钢结构厂房建设				
2	预制 T 梁混凝土				
3	预制 T 梁钢筋				
4	预制 T 梁钢绞线				
五	**主要分项工程碳排放强度测算结果**				
编号	名称	单位	工程直接碳排放强度	工程间接碳排放强度	碳排放强度
1	钢结构厂房建设	$t\ CO_2/100m^2$			
2	预制 T 梁钢筋混凝土	$t\ CO_2/10m^3$			

编制：　　　　　　　　　　　　　　　　复核：

表 B.0.1-2　项目碳排放测算汇总表

建设项目名称：

编制范围：　　　　　　　　　　　　　　　　　　　　　　　　第　页　共　页　01 表

分项编号	工程名称	单位	工程数量	工程直接碳排放		工程间接碳排放						合计（kg）	排放强度	各项工程碳排放比例（%）
						材料生产		材料运输		外购电力排放量（kg）	小计（kg）			
				排放量（kg）	排放强度	排放量（kg）	排放强度	排放量（kg）	排放强度					
总计														

填表说明：

1. 本表反映一个单项或单位工程的各类排放源碳排放组成、排放量、排放强度等。

2. “排放强度”以各分项的碳排放量除以相应工程数量计算；“各项工程碳排放比例”以各分项碳排放合计量除以公路工程建设项目碳排放总量计算。

编制：　　　　　　　　　　　　　　　　　　　　　　　　复核：

表 B.0.1-3　项目碳排放测算人工、主要材料、施工机械台班数量汇总表

建设项目名称：

编制范围：　　　　　　　　　　　　　　　　　　　　　　　　第　页　共　页　02 表

代号	规格名称	单位	总数量	分项统计							
		填表说明： 本表各栏数据由 21-1 表、21-2 表、21-3 表经分析计算后统计而来。									

编制：　　　　　　　　　　　　　　　　　　　　　　　　　　复核：

表 B.0.1-4　材料供应链碳排放测算表

建设项目名称：

编制范围：

第　页　共　页　03 表

代号	材料名称	规格型号	单位	数量	材料供应链碳排放(kg)		合计	
					材料工厂生产过程碳排放	材料场外运输过程碳排放	排放量(kg)	排放强度
1	2	3	4	5	6	7	8	9

填表说明：

本表各栏数据由 21-2 表经计算转来。其中，8 = 6 + 7，9 = 8 ÷ 5。

编制：　　　　　　　　复核：

表 B. 0. 2-1　分项工程施工人员生活、施工机械耗能碳排放测算表

编制范围：

分项编号：　　　　工程名称：　　　　单位：　　　　数量：　　　　排放强度：　　　　第　页　共　页　21-1 表

代号	测算项目							合计	
	定额单位								
	工程数量								
	定额表号								
	人工、机械名称	单位	碳排放因子	定额消耗量	排放量(kg)	定额消耗量	排放量(kg)	总消耗量	总排放量(kg)
1	人工	工日							
2	(施工机械)	台班							
3	……								
	碳排放合计	kg							

填表说明：

1. 本表按具体分项工程项目数量、对应碳排放测算定额子目填写。
2. “碳排放因子”应符合本文件相关规定。
3. 碳排放合计 = Σ工程数量 × 人工、机械各项的定额消耗量 × 人工、机械各项的碳排放因子。

编制：　　　　　　　　复核：

表 B.0.2-2　分项工程材料供应链碳排放测算表

编制范围：

分项编号：　　工程名称：　　单位：　　数量：　　排放强度：　　第　页　共　页　21-2 表

代号	测算项目											合计	
	定额单位												
	工程数量												
	定额表号												
	材料名称	单位	运距（km）	生产过程碳排放因子	场外运输过程碳排放因子	定额消耗量	生产过程碳排放量（kg）	场外运输过程碳排放量（kg）	定额消耗量	生产过程碳排放量（kg）	场外运输过程碳排放量（kg）	生产过程碳排放量（kg）	场外运输过程碳排放量（kg）
1	（材料）	t											
2	……												
	碳排放合计	t											

填表说明：

1. 本表按具体分项工程项目数量、对应碳排放测算定额子目填写。
2. “生产过程碳排放因子”“场外运输过程碳排放因子”应符合本文件相关规定。
3. 材料生产过程碳排放合计 = ∑工程数量 × 各材料的定额消耗量 × 各材料的生产过程碳排放因子。
4. 材料场外运输过程碳排放合计 = ∑工程数量 × 各材料的定额材料消耗量 × 材料运距 × 各运输装备单位周转量碳排放因子。

编制：　　　　复核：

表 B.0.2-3　分项工程外购电力发电过程碳排放测算表

编制范围：

分项编号：　　　工程名称：　　　单位：　　　数量：　　　排放强度：　　　第　页　共　页　21-3 表

代号	测算项目								合计	
	定额单位									
	工程数量									
	定额表号									
	使用外购电力的机械名称	单位	电网平均二氧化碳排放因子	单位台班用电量（kWh/台班）	定额消耗量	排放量（kg）	定额消耗量	排放量（kg）	总消耗量	总排放量（kg）
1	（施工机械）	台班								
2	……									
	碳排放合计	t								

填表说明：

1. 本表按具体分项工程项目数量、对应碳排放测算定额子目填写。
2. “区域电网平均二氧化碳排放因子”应符合本文件第 5.4 节的规定。
3. 外购电力发电过程碳排放合计 = Σ工程数量 × 定额施工机械台班消耗量 × 施工机械单位台班用电量 × 区域电网平均二氧化碳排放因子。

编制：　　　　　　　　　　复核：